Con la colección Unicornio, desde Vegueta queremos realizar nuestra particular aportación al proyecto universal más apasionante que existe, el de la educación infantil y juvenil. Como una varita mágica, la educación tiene el poder de iluminar sombras y hacer prevalecer la razón, los principios y la solidaridad, impulsando la prosperidad.

Genios de la Ciencia, la serie de biografías de científicos e inventores, pretende aproximar a los niños a aquellos grandes personajes cuyo estudio, disciplina y conocimiento han contribuido al desarrollo y a la calidad de vida de nuestra sociedad.

Guía de lectura:
¿Deseas saber más sobre Ada Lovelace y su época?

○ Encontrarás citas de los protagonistas.

o⅔ Obtendrás información más detallada.

Textos **María Serrano**
Ilustraciones **Tyto Alba**
Diseño **Sònia Estévez**
Maquetación **Laura Swing**

© Vegueta Ediciones
Roger de Llúria, 82, principal 1ª
08009 Barcelona
General Bravo, 26
35001 Las Palmas de Gran Canaria
www.veguetaediciones.com

ISBN: 978-84-17137-24-3
Depósito Legal: B 8972-2018
Impreso y encuadernado en España

FSC
www.fsc.org
MIXTO
Papel procedente de fuentes responsables
FSC® C111592

GENIOS DE LA CIENCIA

ADA LOVELACE

LA PRIMERA PROGRAMADORA DE LA HISTORIA

TEXTOS **MARÍA SERRANO**
ILUSTRACIONES **TYTO ALBA**

Vegueta ✎ Unicornio

¡HOLA!

A lo mejor no has oído nunca mi nombre, pero estoy en tu vida todo el rato. Me llamo Algoritmo. Pero yo no soy un algoritmo cualquiera, soy especial. ¡Soy el Algoritmo de Ada! Y estoy muy orgulloso de ello.

Aquí te voy a contar la historia de mi inventora: Augusta Ada Byron, condesa de Lovelace. Ada fue la primera persona en el mundo que imaginó que, si éramos capaces de escribir instrucciones en un lenguaje que la máquina pudiera entender, la máquina podría hacer ella solita esas tareas. ¡Sería una máquina pensante!

Lo que Ada inventó es lo que hoy se considera el primer programa de ordenador, que soy yo. Lo increíble es que cuando Ada me inventó, aún no existían los ordenadores, faltaban muchos años para ello. Eso es lo que se llama ser una visionaria.

«La imaginación es la facultad del descubrimiento.»

Ada Lovelace

El algoritmo

El algoritmo es una secuencia de pasos que se siguen, uno detrás de otro, para realizar cualquier tarea, desde el principio hasta el final.

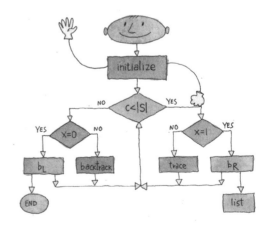

Cuando Ada nació, yo no existía (¡claro, si fue ella quien me inventó!), pero como paso tanto tiempo dentro de los ordenadores, he investigado y sé muchas cosas sobre aquel momento.

Ada Lovelace nació en Londres en 1815. Aquella era una época muy emocionante, porque la ciudad no dejaba de crecer y todo cambiaba rápidamente.

De todas las ciudades del mundo, Londres era entonces la más grande, el sitio al que tenías que ir si querías hacer negocios, conocer los últimos inventos, ver edificios impresionantes o asistir a las fiestas más divertidas.

Sin embargo, todo eso solo podías hacerlo si tenías mucho dinero. En realidad, la mayor parte de las personas que vivían en Londres en esa época eran muy pobres. Así que, además de edificios majestuosos, también había barrios enormes formados por casitas humildes donde vivían los obreros de todas aquellas nuevas fábricas.

La Revolución Industrial

Así se conoce el momento de la historia en que nació Ada. Había muchos inventores diseñando todo tipo de máquinas ingeniosas que servían para que el trabajo en las fábricas fuera más rápido y sencillo. Con estos inventos mecánicos se produjeron grandes transformaciones, surgieron industrias y la gente empezó a abandonar el campo para irse a trabajar a estas fábricas.

«Brillan tanto las lágrimas en los ojos de una niña que nos da lástima besarlas cuando están secas.»

Lord Byron

El padre de Ada se llamaba Lord Byron y era un gran poeta. Era un soñador, un aventurero, viajero y gran seductor. Despilfarraba a lo grande y siempre debía dinero a un montón de gente, que le perseguía para cobrárselo. También solía meterse en líos porque tenía muchos romances. Así que siempre andaba con algún enredo que solucionar.

La madre de Ada se llamaba Annabella y era todo lo contrario a su marido. Ya desde niña se veía que era muy inteligente. Le encantaba estudiar y, como le daba mucha rabia que en aquella época las chicas no pudieran ir a la Universidad, insistió hasta que consiguió que sus padres le pusieran de tutores a los mejores profesores de Cambridge, con los que estudió en su casa.

Annabella llegó a saber tanto de ciencias, de astronomía y de matemáticas que su marido le puso el nombre de «princesa de los paralelogramos».

Ella también se pasaba el día viajando de un lado para otro y apoyando causas sociales. ¡Era una mujer muy activa y no paraba de hacer cosas!

⦾ Los derechos de las mujeres en el siglo XIX

En el siglo XIX se creía que el papel de la mujer se limitaba a cuidar de los hijos y del hogar. No tenían derecho a votar, a tener propiedades ni a acceder a una educación superior. Si bien las mujeres pobres estaban obligadas a trabajar, entre las clases altas tener un empleo estaba muy mal visto.

Por mucho que Byron quisiera adularla llamándola «princesa de los paralelogramos», Annabella se cansó de que su marido fuera un desastre y estuviera siempre metido en líos. Una noche, esperó a que Byron durmiera y salió de casa muy sigilosamente con Ada en brazos, sin despertarlo.

Ada ya no volvió a ver a su padre nunca más, pues Byron tenía entonces muchas deudas y, para evitar que lo metieran en la cárcel, se marchó de Inglaterra para siempre. Tampoco veía mucho a su madre, que a

menudo estaba de viaje, pero ambas se escribían cartas sin parar.

Ada tenía una gata llamada *Puff* a la que quería muchísimo. Pasaba el tiempo jugando con ella, tocando el piano y, sobre todo, leyendo y estudiando para aprender cosas nuevas. Tenía un montón de tutores que le enseñaban música, francés, alemán, literatura y matemáticas. ¡Muchísimas matemáticas! Junto con la mecánica, que explica cómo funcionan las máquinas, las matemáticas eran su materia preferida.

El programa de estudios de Ada lo había diseñado su madre con mucho cuidado. Le hacía estudiar materias que le enseñaran a pensar de forma analítica y lógica. Pero Ada tenía mucha imaginación y un gran espíritu creativo. ¡Era una visionaria! Así que lo que ocurrió al final es que volcó toda esa creatividad en las matemáticas.

Ada y su madre discutían mucho, porque Annabella era muy estricta y Ada tenía un espíritu muy independiente. Se pasaban el día riñendo y reconciliándose por carta.

Puede ser que el cartero, cansado de ir y venir con las cartas sin parar, se preguntara si nadie iba a inventar alguna máquina que sirviera para mandar mensajes sin que él tuviera que darse todos aquellos paseos. No podía imaginarse que, cuando fuera mayor, aquella niña diseñaría un programa que sería el primer paso para que, muchos años después, surgiera el *e-mail*, entre otras muchas cosas. Por cierto, de enviar esos mensajes hoy en día también nos encargamos nosotros, los algoritmos. ¡Somos como los nuevos carteros!

⸰ Los epistolarios

Gran parte de lo que sabemos de la vida de Ada hemos llegado a conocerlo a partir de la información que contienen sus cartas. Las cartas de los personajes famosos aportan mucha información valiosa. Muchas veces se compilan en libros que se llaman *epistolarios*.

Cuando Ada tenía trece años, un día se puso muy enferma y tuvo que pasar un año entero en la cama. ¡Un año entero sin levantarse! ¿Te lo imaginas?

Para entretenerse, Ada mezclaba imaginación y matemáticas e inventaba máquinas de todas clases. Sobre todo, artilugios voladores, porque, como no podía levantarse, a menudo soñaba con salir volando por la ventana. De todas las que inventó, la que más le gustaba era una máquina de vapor con forma de caballo, que tenía pegadas unas alas gigantescas y podía llevar a una persona montada encima.

Ada creía que un caballo volador era la mejor idea del mundo, pero Annabella le echó una regañina por perder el tiempo con fantasías, en vez de estar estudiando matemáticas. ¡Tenía tanto miedo de que Ada acabara pareciéndose a su padre!

—¡Pero mamá! —protestaba Ada—, ¿cómo puedes decir que pierdo el tiempo si he inventado el primer caballo volador de la historia?

◯ **«Hasta que cumpla veintiún años la ley te da autoridad sobre mí en todas las cosas, pero a partir de entonces dejarás de tenerla.»**

Ada Lovelace

⚇ Las calculadoras

El de Charles Babbage no fue el primer intento de crear una calculadora automática. En 1642, el filósofo y matemático francés Blaise Pascal había creado una primera máquina llamada *pascalina*, que permitía hacer sumas y restas. Por su parte, en 1694 el filósofo alemán Gottfried Leibniz creó una máquina llamada *calculadora universal* que podía, además, multiplicar y dividir.

Así que Ada pasó su infancia bastante sola en una casa muy grande de la campiña inglesa, con la compañía de sus libros y su querida gata, *Puff*. Pero, cuando cumplió dieciocho años, empezó a ir a las grandes fiestas culturales de Londres y conoció a muchísimos científicos. Todos quedaban deslumbrados con su inteligencia. Uno de ellos fue el inventor Charles Babbage, a quien, desde entonces, Ada ayudaría habitualmente con todos sus inventos.

El día en que se conocieron, Babbage le describió a Ada un invento en el que llevaba trabajando veinte años: la primera calculadora mecánica de la historia. Ada le escuchó fascinada y enseguida quiso ver la máquina. Así que un día Babbage invitó a Ada y a Annabella a que lo visitaran en su casa para enseñarles cómo funcionaba.

A lo mejor te imaginas que aquella máquina pensante era como una de esas calculadoras pequeñas que se puede sostener en la mano, o como un teléfono móvil, pero no era así. Las máquinas del siglo XIX eran muchísimo más grandes.

En realidad, aquella primera calculadora que había inventado Charles Babbage era un cacharro monumental y muy pesado. Medía casi un metro de alto y estaba construida con acero y bronce. Babbage la tenía colocada en el salón de su casa para hacer demostraciones a sus invitados, que se quedaban siempre con la boca abierta.

La máquina pensante

La máquina tenía varias columnas con engranajes, palanquitas y unas ruedas con los números escritos en ellas. Las palanquitas movían las ruedas y realizaban la operación. Solo había que poner en cada columna las cifras que quisieras y accionar la máquina. Entonces, las palanquitas resolvían la operación como por arte de magia. ¡Cualquiera podía usar la máquina incluso sin saber matemáticas!

Joseph Marie Jacquard

Este célebre francés fue un maestro tejedor, comerciante de seda e inventor. Desarrolló varios tipos de telares, entre ellos el primer telar programable, que se conoce como *telar de Jacquard*. El sistema de tarjetas que incorporó, permitía producir tejidos de mucha calidad con patrones y dibujos muy complejos.

Como parte de la educación de Ada, Annabella también la llevaba a visitar las fábricas, para que viera cómo funcionaban todas aquellas nuevas máquinas de la Revolución Industrial.

En una ocasión fueron a ver una de las más revolucionarias de la época, el telar de Jacquard, que es de donde sacó Ada la idea para crearme a mí.

En aquella visita, Ada entendió perfectamente cómo funcionaba el sistema y todas las posibilidades que este tenía para las máquinas de Babbage, ¡y para muchas cosas más!

El telar de Jacquard

El telar utilizaba unas tarjetas perforadas que indicaban a la máquina dónde había dibujo y dónde no. Este sistema de tarjetas perforadas, que eran como el «almacén de datos», se ha usado después en muchas otras máquinas, por ejemplo, en los primeros ordenadores. Por eso a veces se dice que el origen de la ciencia informática fue aquel telar.

La máquina analítica

Era mucho más complicada y más exacta que la máquina diferencial, en parte porque usaba el mismo sistema de tarjetas perforadas que *el telar de Jacquard*. También era muchísimo más grande, tan grande como un camión, así que, con tantas complicaciones, no llegó a construirse nunca.

Aunque se llevaban muchos años de diferencia, Ada y Babbage se hicieron muy amigos y discutían a menudo sobre matemáticas, ciencias o sobre las máquinas del inventor. Babbage estaba todo el día inventando, igual que Ada, y pronto empezó a pensar en una máquina de calcular analítica.

Aunque Babbage hizo muchísimos planos sobre ella, su idea era demasiado avanzada para lo que podía lograrse con las tecnologías de la época. Ada, también demasiado avanzada para su época, vio enseguida que el invento de Charles Babbage podía hacer más que cálculos con números, ya verás...

Aunque la máquina no pudiera construirse, la idea era tan buena que todos los científicos quedaban fascinados por ella.

Un científico italiano muy famoso llamado Luigi Menabrea escribió un estudio importantísimo sobre la máquina y, cuando lo leyó, Ada decidió traducirlo al inglés, pero añadió tantas notas, apuntes y comentarios propios... ¡que al final todo lo que ella escribió resultó ser tres veces más largo y mucho más interesante!, pues imaginó un futuro colosal sobre lo que algún día podrían hacer las máquinas.

En realidad, lo que hizo Ada en esas notas fue inventar, mucho tiempo antes de que existieran los ordenadores, la ciencia de la informática.

«La máquina analítica podría operar con otras cosas además de los números.»

Ada Lovelace

Luigi Menabrea

Considerado uno de los más importantes científicos italianos del siglo XIX, ejerció como ingeniero, matemático, general y político. En reconocimiento de su trayectoria le pusieron su nombre a un asteroide.

○ «La máquina podría componer piezas de música científicas y elaboradas con cualquier grado de complejidad y extensión.»

Ada Lovelace

⚙ Ciencia de las operaciones

Al estudiar a fondo la máquina analítica, Ada planteó una distinción que nadie más había visto. Dijo que una cosa era el resultado y otra muy distinta, el sistema de pasos que seguía, uno detrás de otro, para realizar ese cálculo. A ese sistema de pasos Ada lo llamó *ciencia de las operaciones* y es, básicamente, en lo que consiste la informática o ciencia de los algoritmos.

Babbage no había pensado que sus máquinas sirvieran para nada más que hacer cálculos con números.

Fue Ada la que vio que las máquinas no solo servirían para hacer cálculos matemáticos, sino para muchas más operaciones, que es exactamente lo que hacen hoy los ordenadores. Por eso se la considera la inventora de la ciencia de la computación.

Mary Somerville

Nacida en 1780, esta gran sabia no era solo matemática, sino también astrónoma y científica. Fue autodidacta, lo que quiere decir que estudió por su cuenta, buscando libros sobre lo que quería aprender. Escribió ensayos de física, geografía y astronomía.

Ada siguió dedicada al estudio de las matemáticas toda su vida y llegó a saber tanto que Babbage le puso el nombre de «la encantadora de los números». Tuvo muchos amigos y amigas científicos y escritores que también eran muy inteligentes y creativos. Juntos, se ayudaban a estudiar y compartían conocimientos.

Una de esas amigas se llamaba Mary Somerville y fue una mentora muy importante para Ada. En un mundo como la ciencia, entonces reservado para los hombres, Mary llegó a ser miembro de varias academias y recibió muchos honores.

También tuvo de tutor a Augustus de Morgan, un matemático muy prestigioso. Augustus llegó a asustarse de lo lista que era Ada. Él pensaba que las mujeres debían estudiar un poco pero no muchísimo, porque se acabarían pareciendo a los hombres. De Morgan creía que Ada hacía preguntas demasiado inteligentes para ser una chica y que aquello era peligroso. Por suerte, nadie más hizo caso a aquellos miedos de Augustus y Ada siguió estudiando toda su vida.

⚛ Augustus de Morgan

Profesor de matemáticas en el University College de Londres, estableció unas leyes fundamentales de la lógica matemática, que se conocen como Leyes de De Morgan. También fue el primer presidente de la Sociedad Matemática de Londres.

A Ada también le gustaban muchísimo los caballos, aunque no fueran voladores como el que inventó de pequeña. Sobre todo, le gustaban las carreras de caballos. De hecho, intentó utilizar todo lo que sabía de matemáticas para inventar un método infalible que le permitiera ganar siempre que apostara en las carreras de caballos. Pero el método no le sirvió de mucho, porque siempre terminaba perdiendo dinero.

Cuando tenía tan solo treinta y seis años, Ada se puso muy enferma y fueron a visitarla muchos de sus amigos, como

el famoso escritor Charles Dickens, que se sentaba junto a la cama y le leía en voz alta sus cuentos.

Faltaban aún muchos años para que alguien inventara el ordenador, muchísimos más para que pudiéramos tener ordenadores personales y todavía otros cuantos para que un algoritmo como yo pudiera meterse en un teléfono. Sin embargo, Ada ya había abierto el camino de la informática, y cada día hay más gente que conoce su historia y puede agradecérselo.

⚛ Charles Dickens

Dickens es uno de los escritores ingleses más importantes. Escribió novelas y cuentos, todos ellos impregnados de una profunda crítica social que señalaba las desigualdades que existían en la época industrial y denunciaba las malas condiciones de vida de los trabajadores. Algunos de sus libros más conocidos son *Oliver Twist*, *Grandes esperanzas* y *David Copperfield*.

Lord Byron. El padre de Ada

George Gordon Byron fue uno de los mayores poetas ingleses de la historia y uno de los grandes exponentes del Romanticismo literario. Ya en su tiempo, fue toda una celebridad y contó con muchísimos admiradores. Fue también un gran viajero y llegó a recorrer casi toda Europa. En 1824 se fue a Grecia a luchar por la independencia, pero pronto contrajo una enfermedad que lo llevó a la muerte con treinta y cuatro años.

Annabella. La madre de Ada

Anna Isabella Noel Byron pertenecía a una familia noble y recibió una buena educación a cargo de tutores de Cambridge. Además de una mujer versada en muchas disciplinas científicas, fue también una gran defensora de la justicia social. Luchó por los derechos de las mujeres, contra la esclavitud y por la mejora de las condiciones de vida de las clases desfavorecidas de Londres.

La protagonista

1815

Ada Lovelace nace en Londres y pasa una infancia muy solitaria, dedicada al estudio. Su madre, Anna Isabella Milbanke (Annabella) era una apasionada de las matemáticas y fue quien diseñó el programa de estudios de su hija.

1833

A los dieciocho años, Ada conoce al inventor Charles Babbage. Su colaboración con él la llevará a realizar planteamientos revolucionarios en la historia de la ciencia y el progreso tecnológico.

1834

Charles Babbage describe el funcionamiento de su máquina analítica, una especie de computador mecánico para realizar operaciones de cálculo, al que Ada llamó *máquina pensante*.

Otros genios de la ciencia

355—415

Hipatia
La gran maestra de Alejandría

1643—1727

Isaac Newton
El poder de la gravedad

1815—1852

Ada Lovelace
La primera programadora de la historia

1856—1943

Nikola Tesla
El mago de la electricidad

1842

Ada comienza a traducir el estudio de Luigi Menabrea sobre la máquina analítica de Babbage, pero no se limita a traducirlo sino que, además, en sus propios comentarios, plantea un nuevo mundo de posibilidades para las tareas que las máquinas podrían realizar en el futuro.

1852

A la edad de treinta y seis años, Ada muere de un cáncer uterino después de siete meses de dura enfermedad.

1979

Un grupo de informáticos estadounidenses crea, en honor a Ada Lovelace, un importante lenguaje de programación llamado Ada, que sigue en uso más de cuarenta años después.

1867—1934

Marie Curie
El coraje de una científica

1878—1968

Lise Meitner
La física que inició la era atómica

1934

Jane Goodall
La mejor amiga de los chimpancés

1955—2011

Steve Jobs
El inventor del mañana